Je prie comme Jésus!

Textes: Josep Codina
Illustrations: Roser Rius

«COMMENT PRIER AVEC LES PETITS»

MÉDIASPAUL

Jésus passait beaucoup de temps
à parler avec ses amis, les apôtres.
Ils se trouvait bien avec eux!

En vivant avec Jésus et en parlant
avec lui, ses amis ont appris
à aimer comme lui.

Jésus aimait regarder
la nature. Il invitait souvent
ses amis à contempler les
oiseaux, les fleurs, les champs,
le lac...

Jésus se retirait souvent dans un lieu tranquille. Les apôtres voulaient savoir ce qu'il y faisait.

«QUE FAIT JÉSUS, LÀ-BAS, TOUT SEUL? ET SI NOUS LUI EN PARLIONS?»

Les apôtres ont donc demandé à Jésus pourquoi il passait tant de temps seul.

Jésus leur a répondu:

«J'AIME PARLER AVEC MON PÈRE DU CIEL. JE PRIE.»

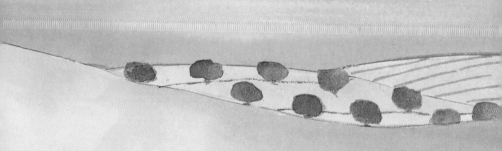

Les apôtres ont dit à Jésus:
«Apprends-nous ce que nous devons
faire pour prier comme toi.»

Jésus leur a dit:

«OUVREZ VOTRE CŒUR À DIEU
ET PARLEZ-LUI.»

Et Jésus enseigna cette prière
à ses amis:

NOTRE PÈRE,
QUI ES AUX CIEUX,

QUE TON NOM
SOIT SANCTIFIÉ,

QUE TON RÈGNE
VIENNE...

QUE TA VOLONTÉ SOIT FAITE
SUR LA TERRE
COMME AU CIEL.

DONNE-NOUS AUJOURD'HUI
NOTRE PAIN DE CHAQUE
JOUR...

PARDONNE-NOUS NOS OFFENSES,
COMME NOUS PARDONNONS AUSSI
À CEUX QUI NOUS ONT OFFENSÉS;

NE NOUS SOUMETS PAS À LA
TENTATION,

MAIS DÉLIVRE-NOUS DU MAL.

Nous, les amis de Jésus,
seuls ou en groupe,
nous prions encore
comme le faisait Jésus;
nous disons la prière
qu'il a enseignée
à ses amis:

LE NOTRE PÈRE.

Aux parents et aux éducateurs

L'enfant veut faire comme les grands. Il les admire et les imite.

Dans ce troisième livre d'**initiation à la prière des petits**, nous présentons l'AMI Jésus qui **prie et montre à prier** à ses amis, les apôtres.

Les paroles et les attitudes de Jésus ouvriront le cœur des enfants à NOTRE PÈRE du ciel.

Nous invitons l'enfant à apprendre peu à peu le NOTRE PÈRE pour qu'il puisse prier avec ses parents et avec les autres chrétiens.

Il est très important que les grands **prient avec l'enfant** à la maison, à l'école et à l'église. Ainsi nous éveillons en lui le désir de prier et nous l'initions à la prière communautaire.

Il ne s'agit pas seulement d'apprendre des prières à l'enfant, mais aussi de prier avec lui.

QUE TA VOLONTÉ SOIT FAITE
SUR LA TERRE
COMME AU CIEL.

DONNE-NOUS AUJOURD'HUI
NOTRE PAIN DE CHAQUE
JOUR...

La collection «Comment prier avec les petits» compte quatre livres:

1. **Que tu es bon!** (Attitudes)

2. **Je veux être ton ami!**
   (Connaître et admirer l'ami Jésus – le «Signe de la Croix»)

3. **Je prie comme Jésus!**
   (Ouvrir son cœur au Père du ciel – le «Notre Père»)

4. **Bonjour, Marie!** (Connaître Marie, la mère de Jésus,
   et avoir confiance en elle – «Je te salue, Marie»)

© *Josep Codina, Roser Rius* et *Editorial Claret*, SAU
Roger de Llúria, 5 – 08010 Barcelona

Titre original: *Prego com Jesús!*
Textes: *Josep Codina*
Illustrations: *Roser Rius*

Imprimé à Imprimeix
Badalona - Espagne

ISBN 2-89420-437-X
Dépôt légal – 1er trimestre 2001

© 2001
Médiaspaul
3965, boul. Henri-Bourassa Est
Montréal, QC, H1H 1L1 (Canada)
www.mediaspaul.qc.ca
mediaspaul@mediaspaul.qc.ca

Médiaspaul
8, rue Madame
75006 Paris (France)